PHIL BOSMANS

ICH HAB' DICH GERN

Herder
Freiburg · Basel · Wien

Inhalt

Was hier zur Sprache kommt,

sind nicht meine Gedanken.
Sie schlummern in vielen Menschen,
im tiefsten Innern einfacher Menschen.
Einfache Wahrheiten,
die ans Licht gebracht werden,
leuchten wie Sterne in dunkler Nacht.
Ein stilles Feuer lebt in deinem Herzen.
Laß uns die Asche wegblasen,
unter der es zu ersticken droht.
Dann wird dein Leben
wieder Wärme bekommen.
Suche in diesem Buch kein festes Schema.
Wir werden schon genug programmiert.
Das Leben ist anders, das Leben geht vor.
Und vor allem geht es im Leben
um das Glück lebendiger Menschen.

Mensch, ich hab' dich gern

Es ist kein zweiter so wie du.
Einzigartig bist du, einmalig,
ganz ursprünglich und unwiederholbar.
Du glaubst es nicht,
aber es ist kein zweiter so wie du
von Ewigkeit zu Ewigkeit.
Und jeder Mensch, den du gern hast,
bleibt kein gewöhnlicher Mensch.
Eine seltsame Anziehungskraft
geht von ihm aus.
Irgendwie wirst du anders durch ihn.
Zu ihm kannst du sogar sagen:
Meinetwegen mußt du nicht
unfehlbar sein,
ohne Fehler und vollkommen, denn:
Ich hab' dich doch gern.

Der einzige Schlüssel

Liebe ist der einzige Schlüssel,
der zu den Türen des Paradieses paßt.
Es liegt ein Stückchen Paradies
in jedem Lächeln, in jedem guten Wort,
in der Zuneigung, die du verschenkst.
Es liegt ein Stückchen Paradies
in jedem Herzen, das für einen
Unglücklichen zum rettenden Hafen wird,
in jedem Zuhause mit Brot und Wein
und mit menschlicher Wärme.
Es liegt ein Stückchen Paradies
in jeder Oase, wo Liebe blüht
und Menschen Mensch geworden sind,
füreinander Brüder und Schwestern.
Gott hat seine Liebe in deine Hände gelegt
wie einen Schlüssel zum Paradies.

Es gibt Menschen,
die haben ein Herz aus Gold.
Alles, was sie tun, ist geprägt
von ihrer Herzlichkeit.
Und es gibt Menschen,
in denen tief das Mißtrauen sitzt.
Nie tun sie, was das Herz ihnen eingibt.
Die Stimme ihres Herzens
ist verstummt.

Das Herz des Menschen – ein winziger Fleck
auf unserem großen Planeten.
Aber hier kommt die Liebe zur Welt.

Ihr Großen,

hört einmal auf die Kinder!
Ihr habt zu lange auf Experten und Funktionäre,
Direktoren und Generäle gehört.
Ihr habt zu lange an Besitz und Macht,
an Wohlstand und Waffen geglaubt.
Alles wird neu, wenn wir auf Kinder schauen,
denn ein Kind enthüllt,
was uns die Welt vergessen läßt:
das Wunder von allem, was lebt.

Ihr Großen,

empfangt die Augen eines Kindes,
um das Leben anders zu sehen.
Empfangt den Traum eines Kindes
nach dem verlorenen Paradies.
Empfangt das Lachen eines Kindes
und seine Freude an den kleinen Dingen.
Empfangt das Herz eines Kindes,
um an die Liebe der Menschen zu glauben.

Optimisten

Optimisten sind seltsame Wesen. Wenn das Land voller Disteln steht, finden sie immer noch irgendwo eine Blume. Wenn alles verdorrt und zur Wüste geworden ist, sind sie die seltenen Vögel, die eine Oase aufspüren.

Wenn Optimisten den breiten Strom der Pessimisten kreuzen, bekommen sie plötzlich andere Namen: Spinner, die an der Wirklichkeit vorbeileben; Naive, die keine Ahnung haben; Träumer, die Utopien nachhängen. Pessimisten nennen sich selbst Realisten, die mit beiden Beinen auf dem Boden der Wirklichkeit stehen, aber eigentlich stecken sie fest im Dreck der Welt und sitzen so tief im Schatten, daß sie von der Sonnenseite des Lebens nichts mehr sehen.

Optimisten machen sich auf den Weg. Sie sind auf dem Weg zur anderen Seite, zur Sonnenseite. Zu dem Land, wo man leben und überleben kann. Optimisten glauben an die Früchte des Geistes: Liebe, Friede, Freude, Geduld und Treue, Freundlichkeit und Güte. Die Pessimisten haben von diesen Früchten niemals gegessen und sterben, lange bevor sie tot sind. Nur die Optimisten werden überleben!

Humor macht viele Dinge relativ.
Was riesengroß erscheint,
wird lächerlich klein.
Was furchtbar schwer erscheint,
verliert die bedrückende Last.
Humor macht manches möglich,
was unmöglich erscheint.
Manches Ungewitter geht vorbei
ohne Donner, Blitz und Hagelschlag.

Heilbare Traurigkeit

Es gibt eine Traurigkeit, die kommt,
wenn wir zu sehr an uns selbst
und an materiellen Dingen kleben.
Wir sind bitterböse über Menschen,
die uns scheinbar zu wenig beachten.
Wir werden eifersüchtig bei dem Gedanken,
was andere alles haben, wieviel mehr als wir.
Wir fangen an, uns zu bedauern:
Wie schwer doch alles ist
und wie schlecht es gerade uns geht!

Dabei gibt es so viele Bäume und Blumen,
so viele Vögel und Schmetterlinge, so viele Wiesen und Wälder
und so viele Wunder um uns herum,
die nur darauf warten, einen Menschen
von seiner Traurigkeit zu heilen.
Lerne die Namen der Bäume und Blumen,
die Namen der Vögel und Fische
und den Namen Gottes.
Öffne deinen Geist für das Licht.

Öffne dein Herz für die Freude.

Wer Menschen froh machen will,
muß Freude in sich haben.
Wer Wärme in die Welt bringen will,
muß Feuer in sich tragen.

Wer Menschen helfen will,
muß von Liebe erfüllt sein.
Wer Frieden auf Erden schaffen will,
muß Frieden im Herzen gefunden haben.

Müde

Montag morgen im Zug.
Die Menschen sitzen da
und dösen ihrer Arbeit entgegen.
Sie sehen so müde aus,
und sie müssen zur Arbeit.
Warum sind sie am Morgen so müde?
Die Sonne geht auf.
Die Sonne ist nicht müde.
Die Vögel fliegen
und flattern in den Sträuchern.
Die Vögel sind nicht müde.
Auf dem Bahnsteig lachen zwei Kinder.
Die Kinder sind nicht müde.

Nur die großen Menschen sind müde
und dösen ihrer Arbeit entgegen.
Der Schlaf ist wie ein Liebhaber,
der abgewiesen wurde,
der am Abend anklopfte
und nicht hereingelassen wurde.
Jetzt verfolgt er die Menschen am Morgen.
Liebe Menschen, wenn ihr dem Schlaf
nicht seine Stunden gönnt,
wird er am Ende entmutigt ausbleiben.
Ihr werdet nach Schlaf rufen,
und der Schlaf kommt nicht mehr.
Dann werdet ihr Tabletten kaufen
für die Ruhe, die der Schlaf
euch gratis gab.

Wie du weiterkommst

Im Leben kann man nicht zurückfahren. Man kann die Zeit nicht umdrehen und rückwärts laufen lassen, um sich die schönsten Tage zurückzuholen. Du mußt weiterfahren, nach vorn. Tag für Tag, Jahr für Jahr. Du kannst nicht stehenbleiben. Keiner kann die Zeit anhalten.

Wenn Kreuzungen kommen, gib acht auf die Ampeln, auf das rote und das grüne Licht. Maßlose Habgier, verrückter Egoismus, krankhafte Eifersucht sind das rote Licht im Leben. Dahinter drohen Irrwege und Abgründe. Güte, Hilfsbereitschaft, Taktgefühl stellen das Licht an deiner Lebensstraße auf Grün. Hiermit kommst du voran. Sei freundlich im täglichen Verkehr mit den Menschen. Laß den Motor deines Herzens warmlaufen. Und vergiß nicht, daß es nur einen Zündschlüssel gibt: die Liebe.

Im Büro

Ich war neulich in einem Versicherungsbüro. Da saßen in großen Räumen zahllose Angestellte hinter Glas. Kaum zeigte die Uhr halb fünf, fuhr es wie ein Wirbelsturm durch die Gänge und Räume. Wie von unsichtbarer Hand abgeschossen, sprangen die Angestellten aus den Stühlen und drängten zu den Türen. Wie auf der Flucht. Als ob eine Zeitbombe explodiert wäre. Was war los? Wovor fliehen die Menschen?

Wir erleben einen phantastischen Fortschritt, aber die Menschen sehen nicht glücklich dabei aus. Der Motor des Fortschritts heißt: Zeit ist Geld, aber die Menschen werden in dieser Maschinerie zermahlen. Wenn die Zeit für das Leben nur Zeit für das Geld ist, sind die Menschen bald am Ende. Die „Zeit-ist-Geld"-Maschine produziert kein Lebensglück. Das wächst nur auf dem Grund und Boden der Liebe.

Was nützt das ganze Tempo,
wenn du doch anhalten mußt?
Was nützt der ganze Reichtum,
wenn du doch arm sterben mußt?

Ein Tag, der ist so schnell um.
Aber eine Minute,
die dauert manchmal eine Ewigkeit.

Nimm dir Zeit

Die Zeit, die die Menschen auf die berufliche Arbeit verwenden, wird immer kürzer. Sie bekommen immer mehr freie Zeit, immer längere Wochenenden, immer mehr Urlaub. Aber wenn man sich so umschaut, haben es die Menschen immer furchtbar eilig. Wenn man jemand fragt, heißt es meistens: „Ich habe keine Zeit."

Noch nie gab es so viele gehetzte Menschen. Väter und Mütter warten endlos auf den Besuch ihrer Kinder: Die haben keine Zeit. Kranke und Alte sehen die Gesunden und die Jungen vorbeihasten: Die haben es so eilig. Ehepartner werden sich fremd: Sie haben keine Zeit füreinander.

Warum haben wir so wenig Zeit? Die Umgebung, die Reklame, die Freizeitindustrie reden pausenlos auf uns ein, was wir alles haben müssen, was wir alles tun müssen, was wir uns alles leisten müssen. Und so wird das ganze Leben lückenlos verplant. Deshalb möchte ich dir den Vorschlag machen: Tu einmal nichts! Komm endlich zur Ruhe!

In der Stille wohnen die Freuden des Lebens, die wir vor lauter Hetze verloren haben. Aus der Stille wachsen die kleinen Aufmerksamkeiten, die viel weniger Zeit brauchen, als wir meinen: ein gutes Wort, ein freundliches Gesicht, ein dankbarer Kuß, ein verständnisvolles Zuhören, ein überraschender Telefonanruf, ein selbstgemachtes Geschenk, ein fröhlicher Brief. Tilge aus deinem Leben das tödliche „Ich habe keine Zeit". Hör auf mit dem mörderischen Tempo. Nimm dir Zeit, um ein guter Mensch zu sein für deine Mitmenschen.

Der Mensch braucht Stille,
aber der Fortschritt gab ihm Lärm.
Der Mensch braucht Güte,
aber der Fortschritt brachte Konkurrenz.
Der Mensch braucht Gott,
aber der Fortschritt gab ihm Geld.

Genießen und selig sein

Um leben zu können, mußt du genießen können. Ich meine nicht die Genußsucht, die so viele Menschen krank und zu Sklaven macht, die so viele Menschen ins Unglück stürzt. Um genießen zu können, mußt du frei sein. Frei von Gier, frei von Neid, frei von einer Leidenschaft, die dich zerreißt und zerstört.

Wenn du genießen kannst, kannst du lachen. Du freust dich. Du bist dankbar, daß jeden Morgen die Sonne für dich aufgeht. Du kannst selig sein über ein weiches Bett und über eine warme Wohnung. Du triffst freundliche Menschen. Die Freundschaft Gottes kommt dir entgegen in jedem Lächeln, in jeder Blume, in jedem guten Wort, in jeder Hand, in jeder Umarmung. Wenn du kleine Dinge in aller Ruhe genießen kannst, dann wohnst du in einem Garten voller Seligkeit.

Wir sehen, und wir sehen doch nicht

Es gibt viele Wunder im Schoß der Erde,
die danach verlangen,
vom Menschen entdeckt zu werden,
aber wir sehen sie nicht.
Unser Leben ist von Wundern umgeben,
die unser Herz erfreuen wollen,
aber wir sehen sie nicht.
Weil wir nur unsere Augen aufmachen,
aber nicht unser Herz.
Weil wir die Dinge und Menschen,
die uns entgegenkommen,
nicht von Herzen gern haben.
Wenn wir Blumen und Vögel
und die Menschen anschauen,
weil wir sie von Herzen gern haben,
dann sehen wir immer viel mehr,
dann entdecken wir täglich Wunder.

Der Fisch und das Wasser

Wenn ein Fisch in seiner Welt auf Entdeckungsreise geht, ist das letzte, was er entdeckt, das Wasser. So ist es auch mit dem Menschen. Die einfachsten und wesentlichsten Dinge seines Daseins macht er sich am wenigsten bewußt. Wie wichtig frische Luft für ihn ist, weiß er erst, wenn er zu ersticken droht, und wie schön es ist, atmen zu können, weiß er erst, wenn er stirbt.

Schau einmal die Wolken an, wie sie ziehen, flüchtige Gebilde, in denen deine Phantasie geheimnisvolle Ungetüme erblickt. Schau auf das Kind, wie es malt. Seine Phantasie zaubert mit farbigen Stiften auf ein kleines Stück Papier eine ganze Welt. Schau auf den alten Mann, der eine Katze streichelt, auf die beiden Verliebten an der Bushaltestelle, auf das Baby, das im Kinderwagen schläft. Und du wirst entdecken, daß in allen Dingen mehr liegt, als man oberflächlich sieht, eine Erinnerung an das Paradies. In jedem Tag stecken Wunder, man kann sie gar nicht alle aufzählen. Freude an den kleinen täglichen Wundern:

Das ist der Schlüssel, um jeden Tag ein bißchen glücklich zu sein.

Am Glück fehlt stets ein Stück

Es gibt Menschen,
die niemals richtig glücklich sein können. Für sie ist das Glück abhängig von tausend Dingen, und etwas fehlt ihnen immer. Sie vergessen, daß Glück aus vielen Teilen besteht. Immer ist irgendein Teil zu kurz. Ganz schlimm wird es, wenn sie ihr Leben lang auf das eine Teil warten, das nicht da ist. Sie sind blind für die vielen anderen Teile, mit denen sie glücklich sein könnten. Aber sie sehen sie nicht, die kleinen, gewöhnlichen Dinge.

Glück ist wie die Sonne. Aber selbst auf der Sonne sitzen Flecken!

Glück fällt dir nicht in den Schoß

Wie willst du jemals glücklich werden, wenn du immer alles von den anderen erwartest? Wenn du bei allem, was in deinem Leben schiefgeht, die Schuld auf andere schiebst? Leben ist Geben und Nehmen. Aber man bringt den Menschen offenbar nur das Nehmen bei. Fordere, nimm, profitiere, laß dir nichts gefallen, protestiere! Und man fordert und nimmt und profitiert, und jeder, der im Weg steht, wird zum Feind. Es gibt Ärger, Streit, Konflikte. Man fühlt sich bedroht, und man vergißt, daß man sich die Feinde selbst gemacht hat.

Glück ist eigentlich ein anderer Name für Frieden, Zufriedenheit, Freundschaft, Freude. Diese Dinge fallen dir nicht in den Schoß. Du kannst sie nicht einfach von anderen fordern. Aber du bekommst sie gratis, wenn du deine Müdigkeit überwindest und selber etwas in die Hand nimmst, wenn du den Menschen Vertrauen entgegenbringen kannst, wenn du auch in der größten Not daran glaubst, daß alles einmal anders wird.

Du mußt endlich anfangen,
nicht für dich zu nehmen,
sondern für andere zu geben
und dich selbst dabei zu vergessen.

Irrweg

Wenn die Menschen
das Glück suchen,
suchen sie meistens das Geld.

Sie denken, Geld sei Glück.
Doch die Erfahrung lehrt sie das Gegenteil,
aber dann ist es meistens zu spät.

Zwei Menschen in dir

Manchmal ist es, als ob zwei Menschen in dir wohnen würden. Der eine, der alles gut macht und den du der Außenwelt zeigst, und der andere, für den du dich schämst. Es gibt so etwas wie einen tiefen Bruch in jedem Menschen. Ich begegne Menschen, die trotz dem besten Willen der Welt doch immer wieder zurückfallen in ihr altes Übel. Menschen, die gut leben möchten und doch Dinge tun, die sie selbst nicht begreifen.

Warum ist das so? Weil ein Mensch kein Gott ist, kein Engel und kein Superwesen, sondern ein kleiner Pilger auf einem langen Weg. Und doch ist der Mensch ein wunderbares Wesen. Die Erfahrung der eigenen Schwäche macht ihn verständnisvoll für seine Mitmenschen. Wer sein Versagen niemals erkennen will, wird selbstgerecht und hart wie ein Stein. Sein Herz vertrocknet und wird unfähig, andere zu trösten und aufzurichten, zu verstehen und zu verzeihen.

Über Schwächen und Fehler bei dir selbst brauchst du dich nicht zu wundern. Aber du darfst sie auch nicht vertuschen und zu Tugenden verdrehen. Du mußt damit leben lernen. Du weißt doch: Niemand ist so gut wie in seinen besten Augenblicken, aber auch niemand ist so schlecht wie in seinen schlechtesten Augenblicken. Freundschaft und Liebe blühen, wo Menschen sanft geworden sind, sanft in ihrem Urteil, sanft in ihren Worten und sanft in ihrem Umgang miteinander.

Es gibt Menschen, die tragen ihre Probleme
immer und überall mit sich.
Sie lassen sie keinen Augenblick los.
Sie können nicht genießen.
Ihr Herz quillt über von Sorgen.
Wohin sie auch sehen, sie sehen Sorgen.
Was sie auch hören, sie hören Sorgen.

Soviel Theater

Manche Menschen, wenn sie ihre vier Wände verlassen und unter Menschen gehen, besteigen ein hohes Podest, eine unsichtbare Bühne. Sie denken: Jetzt leuchten Scheinwerfer auf und richten sich auf mich. Und während alles andere vor ihnen in Dunkel versinkt, genießen sie den Schein: Schaut her, hier bin ich, hier ist mein Ich.
Wie oft sagen wir im Laufe eines Tages: Ich. Wir würden staunen über eine Aufzählung unseres tausendfachen Ichs. Wie

schnell rücken wir uns selbst in den Vordergrund, wenn wir mit Menschen umgehen. Wie gern richten wir Scheinwerfer auf uns selbst, wenn wir mit anderen sprechen.
Soviel Theater – ist es nicht zum Lachen? Ist es nicht viel einfacher, vom hohen Podest herunterzusteigen und die Scheinwerfer auszumachen? Wir werden erst glücklich, wenn wir frei werden von der lächerlichen Jagd nach eingebildeter Größe, nach ständiger Beachtung unseres kleinen Ichs. Wir können den befreienden Schritt tun auf einen anderen zu, auf einen Menschen in unserer Nähe, auf einen, der vielleicht schon lange auf uns wartet.

Wurzeln,

die tief in der Erde den Baum aufrecht halten und nähren, sieht man nicht. Menschen, die an den Fundamenten arbeiten, damit das Haus erhalten bleibt, sieht man auch nicht, aber sie sind wichtiger als Menschen, die ständig mit der Fassade beschäftigt sind, damit sie vom großen Publikum ja nicht übersehen werden.

Zum Leben

brauchst du Luft. Wenn dir die Luft zum Atmen und der Raum zum Leben geraubt werden, mußt du dich wehren und dein Recht fordern, dein Recht auf menschenwürdiges Leben. Aber wenn du überall Feinde siehst, wenn sich dein Herz verfinstert und wenn es anfängt, zu hassen, dann geht die Tür zur Hölle auf. In deinem Herzen kann der Himmel wohnen. Aber du kannst in deinem Herzen auch die Hölle einrichten.

Manchmal

leidet ein Mensch am meisten an dem Leid, von dem er fürchtet, es könnte kommen, während es in Wirklichkeit doch nicht kommt. So hat ein Mensch mehr Leid zu tragen, als ihm zu tragen aufgegeben wird.

Angst

macht krank. Sie macht meistens mehr krank als das, was man befürchtet. Angst verbraucht Energie. Sie lähmt heute die Kräfte, die man morgen nötig hätte, um das Unglück durchzustehen.

Der Leib – eine wunderbare Gabe

Mit deinem Leib bist du gegenwärtig: sichtbar, greifbar, fühlbar. Mit deinen Augen kannst du lachen und weinen. Mit deinem Kopf kannst du denken, träumen, dich erinnern. Mit deinem Mund kannst du essen und schmecken, sprechen und singen. Mit deinen Händen kannst du streicheln, arbeiten, schreiben. Mit deinem Herzen kannst du liebhaben, zärtlich sein, trösten.

Der Leib – das Haus, in dem du wohnst

Dein Leib ist dein Haus auf Erden, deine Augen sind deine Fenster zur Welt. Du bist mehr als dein Leib, aber du kannst deinen Leib nicht entbehren. Du mußt gut für ihn sorgen und ihn nicht verwöhnen. Laß dir durch die Reklame keine sinnlose Bequemlichkeit aufdrängen, bis du am Ende Füße nur noch für das Gaspedal hast und Hände nur noch für Schaltknöpfe.

Der Leib – ein Wagen der Liebe

Ein gutes Wort ist möglich, weil du einen Mund hast. Eine sanfte Gebärde, weil du Hände hast. Ein liebevoller Blick, weil du Augen hast. Dein Leib ist Träger der Zärtlichkeit. Dein Leib braucht Wärme. Liegt er zu lange im Eisschrank, dann wird er starr und kalt. Dann wird er zu einer Eß- und Arbeits- und Schlafmaschine. Das pulsierende Leben stirbt ab. Die Verbindungen zu anderen hören auf, und der Mensch fällt tot auf sein eigenes Ich zurück.

Wo der Geist verdrängt wird,

breitet sich mitten in den Dörfern und Städten ein Friedhof aus. Menschen verfallen mitten im Leben dem Tod. Sie ersticken im Materiellen, in einer krankhaften Überschätzung von Geld und Besitz, von Reichtum und Macht. Aber der Mensch ist mehr als Materie, viel mehr als eine zufällige Struktur von Atomen und Zellen. Er ist in der Wurzel seines ganzen Wesens Geist.

Wo der Geist verdrängt wird,

trifft es den Menschen in seinem Kern. Er wird tödlich verstümmelt. Ist der Geist tot, kann der Mensch wie ein Mechanismus von außen bewegt und gesteuert werden.
Darum suchen alle Diktaturen, den Geist zu unterdrücken und damit die Freiheit des Menschen zu töten.

Wo der Geist verdrängt wird,

fängt die Sinnlosigkeit an. Die Freude am Leben versiegt, und Verzweiflung macht sich breit wie eine lähmende Krankheit, wie eine trostlose Wüste. Menschen halten es nicht mehr miteinander aus. Sie müssen wieder zu einem gemeinsamen Denken, zu ein und derselben Überzeugung kommen, geistig eins werden. Es gibt keinen anderen Weg zu einem echten menschlichen Zusammenleben.

Es gibt nur einen Weg
zum Mitmenschen:
den Weg des Herzens.
Alle anderen Wege
sind Umwege.

Niemand hat Zugang
zum Geheimnis
des Menschen,
nur das Herz.

Das wahre Bild

Von einem Menschen macht man sich ein Bild, und auf dieses Bild nagelt man ihn fest. Meistens ist das Bild, das man sich ausgedacht hat, falsch. Meistens kennt man den anderen Menschen gar nicht näher. Es genügt, daß er zu einer anderen Gruppe, einer anderen Partei, einer anderen Rasse oder Religion gehört. Er steht auf der anderen Seite, und deshalb wird sein Bild von Unkenntnis, Angst und Haß gezeichnet. Das wahre Bild vom Menschen kann nur die Liebe zeichnen. Die Liebe sagt: Kein Mensch darf verurteilt werden, jeder Mensch ist der Liebe wert.

Die anderen

Wer ist schuld? Keine Frage: Die anderen sind schuld. Die anderen, die anders denken, die anders glauben und anders leben. Man selbst weiß es natürlich besser, macht es besser und ist besser. Man setzt sich auf einen hohen Richterstuhl und urteilt von oben herab: Die anderen sind schuld.

Diese Einstellung vergiftet das Zusammenleben der Menschen, in der großen Öffentlichkeit ebenso wie im kleinen Zuhause. Sie findet sich bei Männern und Frauen, bei Kindern und Lehrern, bei Politikern und Journalisten, bei Gewerkschaften und Parteien, bei einzelnen und bei ganzen Völkern.

Sei nicht so streng mit den anderen. Versuche, dir vorzustellen, es könnte sich auch etwas Gutes bei ihnen finden, und du wirst überrascht sein, was sich da alles findet und daß der andere sicher so gut ist wie du selbst, vielleicht noch besser.

Die meisten Richterstühle, von denen aus wir über die anderen urteilen, haben wacklige Beine: Überheblichkeit, Dummheit, Rechthaberei und gnadenlose Unbarmherzigkeit. Unsere

wirklichen und einzigen Richter werden die Menschen sein, die unseretwegen am meisten entbehren mußten, denen wir am meisten vorenthalten haben, die Ärmsten unter uns, die vor Hunger und aus Mangel an Liebe sterben. Sie haben das Recht zu urteilen.

Einer, der immer recht hat, mit dem ist schlecht leben.

Wo Menschen zusammenleben und ein Unfehlbarer ist dabei, einer, der immer recht hat, da wachsen unter der Oberfläche viele Spannungen und Konflikte. Mit einem Unfehlbaren kannst du nicht reden, du kannst ihm nur zuhören und amen sagen, wenn du keinen Ärger willst.
Wer ständig recht bekommen will, der hat meistens einen Hang zum Diktator. Unfehlbare gibt es gar nicht so selten. Vielleicht haben andere so etwas auch schon an dir entdeckt. Vergiß nicht, daß andere anders sind, anders denken, anders fühlen, und laß andere auch mal recht haben.

Sei kein Brecheisen! Menschen sind leicht zu verletzen

Jedes Kind verlangt mit seinem ganzen Wesen nach Zärtlichkeit und Liebe. Es braucht ein warmes Nest, in dem es sich wohl fühlt, sicher und geborgen. Alles, was in diese Geborgenheit einbricht, verletzt das Kind an der Wurzel seines Lebens und hinterläßt tiefe Wunden. Menschen können so hart sein, daß selbst der ungeborene Mensch im Mutterschoß seines Lebens nicht sicher ist.

Menschen sind leicht zu verletzen. Bewußt oder unbewußt suchen sie ihr Leben lang ein Zuhause beieinander. Sie sehnen sich nach Verständnis, nach Anerkennung, nach einem Blick der Güte, nach einer helfenden Hand. Wenn sie keine menschliche Wärme, kein Vertrauen finden, sind sie dazu verurteilt, innerlich an Kälte zu sterben. Menschen tragen in ihrem Herzen Wunden davon, die manchmal jahrelang nicht heilen, weil sie in der Härte des täglichen Lebens immer wieder aufreißen. Es gibt so viele Menschen, deren Leben überschattet wird von einer dunklen Wolke: von der grausamen Gleichgültigkeit ihrer Mitmenschen. Menschen sind so leicht zu verletzen. Sei kein Brecheisen!

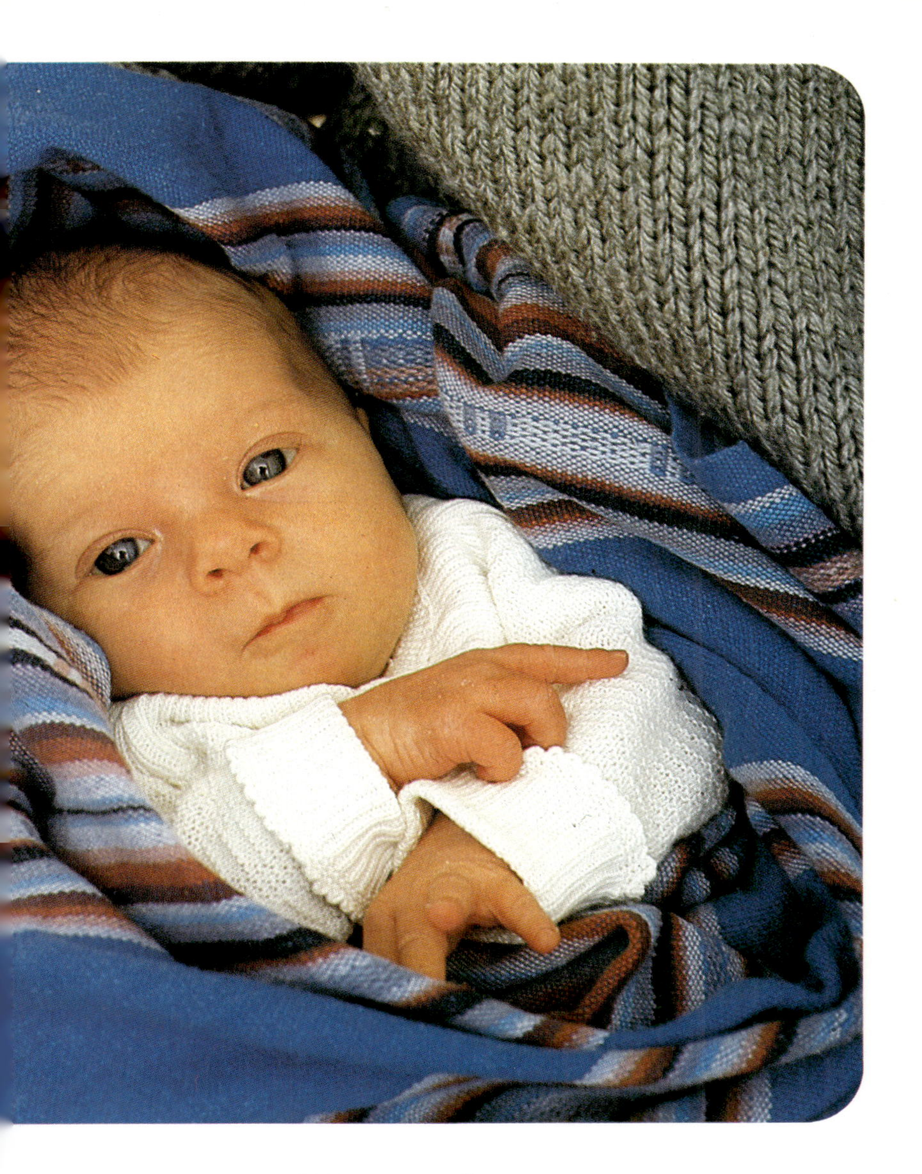

Verändern

Du kannst alles in der Welt verändern, nur andere Menschen nicht. Das können nur sie selbst. Jahrhunderte verbrachten Menschen mit gewaltsamen Versuchen, andere zu verändern – ohne Ergebnis. Das ist die große Vergeblichkeit der menschlichen Geschichte. Nur wenn Menschen sich selbst verändern, werden andere Menschen sich selbst verändern.

Zweierlei Gewalt

Darf ein Grashalm eine
tote Asphaltdecke durchbrechen,
um zum Licht zu kommen?
Die Gewalt des Armen,
der Unterdrückung durchbricht,
um Mensch sein zu können,
ist wie die Gewalt des Grashalms.
Die Gewalt der Mächtigen
ist wie die Gewalt von Bulldozern,
die auf so etwas wie Grashalme
keine Rücksicht nehmen.

Die andere Bombe

Die Wohlstandsmenschen im Westen haben Angst vor dem Atomkrieg. Millionen Menschen in der Welt interessieren sich nicht im geringsten für die drohenden Atombomben. Eine andere Bombe fordert bei ihnen jeden Tag Tausende von Opfern: der Hunger.

Kamille

Herrlich war das. In dem neuen Stadtviertel, an den Rändern der Wege eine Fülle von weiß-gelben Blumen, Kamille. Sie blühten und blühten. Schau mal, sagte ich zu meinem Freund, in all diesen Häusern hier wohnen Menschen, die manchmal Kopfschmerzen, manchmal Bauchschmerzen oder sonst Beschwerden haben. Für sie läßt Gott hier schnell ein Heilmittel wachsen, und sie sehen das nicht.
Am nächsten Tag kam ein Mann mit einem Gefäß voller Gift auf seinem Rücken. Die Stadtverwaltung hatte ihn geschickt, um die Wegränder „rein" zu spritzen. Die Kamillenblumen starben. Für die Behörde waren sie Unkraut. Keiner hatte in ihnen ein Wunder der Liebe entdeckt.

Ein Stückchen Paradies

Je mehr ich mich mit dem Garten und seinen Heilkräutern befasse, desto mehr entdecke ich, wie die Natur voller Wunder ist. Eigentlich leben wir in einem Stückchen Paradies. Aber wenn ich dann sehe, wie unsere Welt Stück für Stück von Menschen zerstört wird, habe ich Angst, daß Gott einen Fehler gemacht hat. Er hat eine herrliche Welt geschaffen. Er hätte sie nur nicht den Menschen in die Hände geben sollen; die haben daraus einen Schutthaufen gemacht.

Wo Gewalt haust, kann kein Friede wohnen. Wege zum Frieden gehen nicht über Straßen der Gewalt.

Wer eine Bombe legt, legt den Tod. Täglich werden tausend Bomben gelegt: in Gedanken, Gefühlen, Worten, Bildern, in allem Verhalten, durch das Menschen erniedrigt und ausgestoßen, verletzt und verstümmelt werden. Alle Waffen, vom Messer bis zur Atomrakete, folgen aus der Art und Weise, wie wir denken und wie wir in der kleinen und großen Welt zusammenleben. Die große Gefahr, die die Menschheit bedroht, sitzt nicht in den vielen Kernwaffen, die man im Osten und Westen aufgestellt hat. Die Gefahr, die uns bedroht, sitzt in den Menschen selbst, in Menschen, die an Macht, Geld und Besitz glauben und an das Recht, der Stärkste zu sein.

Bevor eine Bombe explodiert, ist der Krieg längst im Gang – in den Herzen der Menschen. Sorge für Frieden in deinem Herzen, sonst hast du nichts vom Frieden in der Welt. Sorge für Frieden in deinem Haus, sonst wachsen Menschen in Friedlosigkeit heran. Menschen, die Unfrieden drinnen haben, sind eine Gefahr für den Frieden draußen.

Radikal

Wirklich radikal ist nicht,
wer äußerst links oder äußerst rechts steht,
sondern wer wie ein wahrhaft Armer lebt
und die tiefste Wurzel des Bösen
auch in seinem eigenen Herzen ausreißt.

Gutsein

heißt nicht alles gut finden,
alles geschehen lassen.
Gutsein läßt sich nicht mißbrauchen,
um den Egoismus anderer zu erfüllen.
Gutsein läßt sich nicht kleinkriegen
von der Brutalität von „Bulldozern".

Politiker

Politiker sind immer die Schuldigen. Sie können gar nichts Gutes tun. Und wenn sie etwas Gutes tun, ist es natürlich nur zum eigenen Vorteil.
Politiker sind eine besondere Sorte von Menschen. Sie brauchen manchmal einen Glauben, daß die Sonne nachts scheint. Sie brauchen eine Elefantenhaut, unempfindlich gegen alle Insekten, die ihnen täglich auf die Pelle rücken. Denn Politiker sind immer die Schuldigen.
Trotzdem will ich ein Wort für sie einlegen. Sie mögen reden und schimpfen, aber sie tragen keine Waffen. Wer die Politiker weghaben will, muß sich klar sein, daß nach den Politikern die „Bulldozer" kommen. Die reden nicht, die schimpfen nicht. Die schweigen und walzen dich nieder.

Arme reiche Menschen

In den reichsten Ländern wohnen die ärmsten Menschen. Sie sind reich. Sie haben zuviel, und sie essen zuviel. Sie leben zu schnell und finden keine Ruhe. Sie profitieren von allem und genießen nichts. Sie verschmutzen die Luft und das Wasser, ihr Herz und ihr ganzes Leben. Sie leiden unter allerlei Beschwerden und fühlen sich nie wohl. Sie wollen, aber sie können nicht schlafen. Arme reiche Menschen: Sie können nicht leben.

Geldgier macht arm,
denn sie sagt nie: Genug!
Geldgier macht viele Menschen todarm.
Sie haben kein Leben mehr.
Sie haben nur noch Geld.

Habgierige haben niemals
Frieden mit Habgierigen.
Sie streiten wie die Hunde
um jeden Knochen,
auch wenn er aus Holz ist.

Geschenkt

Ein Baum weiß, wann der Frühling kommt. Auch die Menschen wissen das, die mit der Natur wirklich verbunden sind, denn sie fühlen das Geschenk des Lebens. Die meisten Menschen wissen und fühlen das nicht mehr. Sie wissen nur noch, wann die Lohnüberweisung kommt und was sie noch alles kaufen müssen. Wer sich mit wenig zufriedengeben kann, wird mehr erhalten, als er erwartet. Alles, was er erhält, wird wie ein Wunder sein. Ihm werden die Wunder des Lebens geschenkt. Wer alles haben will, wird niemals zufrieden sein. Das Leben macht ihm keine Freude. Er ist ein Vogel mit zu schweren Flügeln. Er wird niemals zur Sonne fliegen können.

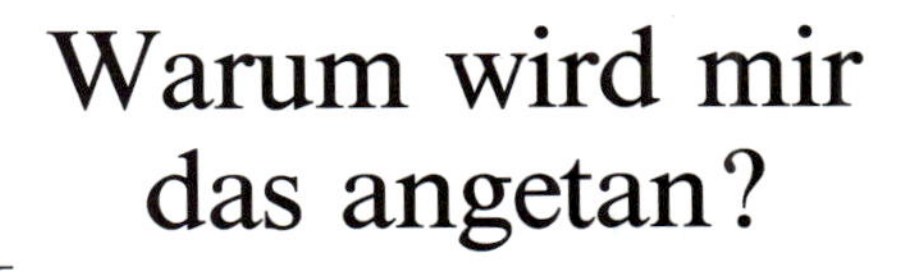

Warum wird mir das angetan?

Ich bin verzweifelt“, schreibt mir eine Frau. „Mir ging es blendend, eine Vergangenheit wie in Romanen. Und nun? Einsam, verlassen, zu nichts zu gebrauchen. Mein Trost sind Selbstmordgedanken. Ich habe niemand. Und die ich habe, die kümmern sich nur ums Geld.“
Für immer mehr Menschen wird das Leben trotz allem Wohlstand immer mehr zu einem Kreuzweg: enttäuscht, betrogen, erniedrigt, beleidigt, verraten, verstoßen. Warum tun Menschen das einander an? Warum können Menschen nicht eine Freude, eine Hilfe, eine Gnade füreinander sein?
Versuche, durch deine Güte und mit all deiner Behutsamkeit ein Segen für andere zu sein, die leiden, die allein sind und die in ihrer trostlosen Verlassenheit nach einem Mitmenschen suchen, nach einer Hand, nach einem Herzen.

Es gibt Menschen,
die nicht mehr
an die Sonne glauben können,
wenn es einmal Nacht ist.
Ihnen fehlt das bißchen Geduld,
zu warten, bis der Morgen kommt.

Einsamkeit

Du fühlst dich allein, ohne menschlichen Kontakt. Du lebst wie auf einer Insel, ohne Verbindung mit dem Festland, wo Menschen sind. Es sind keine Brücken da, keine Schiffe, die regelmäßig fahren, mit Freunden an Bord. Du hast zwar den Hauswirt, der vielleicht wegen der Miete kommt. Du hast den Bäcker, den Milchmann, die Verkäuferin an der Kasse im Kaufladen, um nicht vor Hunger zu sterben. Du hast den Briefträger mit deiner Rente und mit den Rechnungen für Gas und Strom. Aber du hast keine Freunde.

Vielleicht war es früher anders. Du warst geborgen unter lieben Menschen, in der Ehe, in der menschlichen Wärme einer Familie, im geselligen Kreis von Freunden. Aber die Brücken der Liebe sind nicht selten gläserne Brücken, die leicht zu Bruch gehen.

Dennoch: Du magst zwar allein sein und allein bleiben, aber du sollst nicht einsam sein. Oder besser: Die Einsamkeit darf keine tödliche Wunde in deinem Herzen sein. Du mußt selbst etwas tun. Du mußt mit deiner eigenen Liebe, deiner eigenen Güte und Hingabe selber Brücken bauen zu anderen Menschen. Ein bißchen guter Wille genügt nicht. Das reicht nur für eine Notbrücke, die bei der kleinsten Belastung zerbricht. Brücken der Liebe brauchen viel Geduld. Aber sie sind der Mühe wert. Auf ihnen liegt dein Glück.

Und ich nicht!

Helena, das behinderte Kind, schaute entzückt nach oben: „Da! Die Vögel in der Luft! Die können fliegen. Und ich nicht!“ Ja, manchmal sitzen wir hier unten völlig fest, wie ein Vogel mit gebrochenen Flügeln. Nichts geht mehr, alle Lichter sind aus.
Was kannst du tun, wenn du im schwarzen Loch sitzt? Nach oben schauen! Manchmal kommt ein Stern in deine Nacht,

wenn du an ein gutes Wort denkst, wenn du eine schöne Erinnerung heraufbeschwörst. Manchmal kannst du ein wenig spazierengehen, etwas spielen, versuchen zu beten oder ein bißchen Handarbeit machen, und es hilft.
Immer brauchst du Geduld, um wieder Flügel zu bekommen und ein fröhlicher Mensch zu werden. Schau nach oben, wo die Sonne auf dich wartet, und nimm wieder einen kleinen Anlauf. „Kann ich denn das?" höre ich dich flüstern. Wenn du losläßt, was du zuviel an Sorgen und Ballast herumschleppst, wirst du leichter, und dann geht es. Glaub es mir.

Ein zufriedener Mensch

erwartet vom Leben nicht mehr,
als das Leben ihm geben kann.
Ein zufriedener Mensch wirkt Wunder:
Manche Probleme, die andere zugrunde

richten, gehen vor ihm aus dem Weg.
Ein zufriedener Mensch genießt die Tage,
so wie er sie bekommt.
Wer zuviel erwartet und fordert,
zieht dunkle Wolken auf sich.
Er macht sich selbst die schlechten Tage.

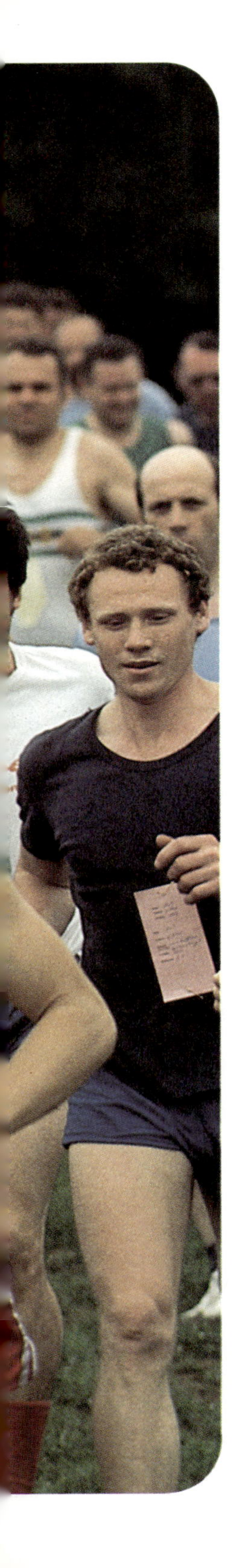

Länger durchhalten ist das Geheimnis aller Siege

Überall, in jeder Gemeinschaft und bei jeder Arbeit kommt eine Zeit, da steht es dir bis oben hin, da hast du es satt, da meinst du es nicht mehr auszuhalten. Die Arbeit, die dir am Anfang so viel Freude machte, wird langweilig, und die Leute, mit denen du begeistert begonnen hast, findest du unmöglich. Wenn du dann einfach aufgibst, bist du für keinen und zu nichts mehr wert. Du wirst erst Glück und Erfolg haben, wenn du das gelernt hast: durchhalten. Eine Woche länger durchhalten ist das Geheimnis von allen Siegen. Und wenn du ein Jahr länger durchhalten kannst, dann bist du frei von den Launen des Augenblicks, dann hast du Charakter. Heute ist zu viel von Kaufkraft die Rede und zu wenig von Willenskraft, von der Kraft, durchzuhalten.

Treu sein ist keine Kunst,
wenn alles glattgeht.
Treu sein zeigt sich,
wenn alles schiefläuft.

Bring Blumen, solange es Zeit ist

Ein Wort von Ihnen hat mich tief getroffen", schreibt eine alte Mutter. „Ich las das Wort: Bring deine Blumen, bevor ich tot bin. Wir haben, mein Mann und ich, unser Leben mit Verzichten zugebracht. Die Kinder konnten studieren und brachten es sehr weit. Nun haben sie uns den Rücken gekehrt. Schon jahrelang. Ich weiß nicht, warum. Wir zählen nicht mehr."

Wenn du noch einen Vater oder eine Mutter hast, dann laß sie nicht einfach links liegen. Auch wenn du einen Doktortitel hast, auch wenn du ein hoher Beamter bist oder ein Politiker oder ein tüchtiger Geschäftsmann oder was immer, du bist kein Mensch, wenn du dich deines alten Vaters oder deiner alten Mutter schämst.
Sicher, du läßt sie nicht verhungern. Sie bekommen, was sie nötig haben. Aber sie kommen sich überflüssig und ausgestoßen vor, weil sie deine Zuneigung entbehren, weil sie das Herz ihres eigenen Kindes verloren haben. So sterben sie jeden Tag an der Undankbarkeit ihrer eigenen Kinder.

Zwischen Eltern und Kindern kann viel passiert sein. Vielleicht ist es durch Starrsinn auf beiden Seiten zum Bruch gekommen. Aber was da auch sei: Wenn ein Mensch leidet und erst recht wenn dein eigener Vater oder deine eigene Mutter leidet, mußt du alles, alles vergessen und wieder gut sein und wieder Blumen bringen, deine Aufmerksamkeit und Liebe und deine Hilfe in schweren alten Tagen. Wenn du das nicht tust, dann verdienst du nicht mehr den Namen „Mensch".

Trost

Eine Hand, die zu verstehen gibt:

Du bist nicht allein.

Eine sanfte Geste, die sagt:

Du kannst sein, wie du bist.

Segen eines alten Menschen

Gesegnet seien, die verstehen,
daß meine Füße langsam geworden sind
und daß meine Hände zittern.
Gesegnet seien, die daran denken,
daß meine Ohren schwer hören
und daß ich nicht alles gleich verstehe.
Gesegnet seien, die wissen,
daß meine Augen nicht mehr gut sehen.
Gesegnet seien, die nicht schimpfen,
wenn ich etwas fallen lasse,
und die mir helfen, meine Sachen zu finden.
Gesegnet seien, die mich anlachen,
die ein Schwätzchen mit mir halten.
Gesegnet seien, die Rücksicht nehmen
auf meine Beschwerden
und die meine Schmerzen lindern.
Gesegnet seien, die mich fühlen lassen,
daß ich geliebt werde,
und die zärtlich mit mir umgehen.
Gesegnet seien, die bei mir bleiben,
wenn ich den Weg in die Ewigkeit gehe.
Gesegnet seien alle, die gut zu mir sind.
Sie lassen mich an den guten Gott denken.
Und ich werde sie bestimmt nicht vergessen,
wenn ich einmal bei ihm bin.

Nur nicht daran denken?

Jeden Tag dasselbe: aufstehen, essen, Auto, Bahn, vier Stunden arbeiten, essen, vier Stunden arbeiten, Auto, Bahn, essen, schlafen; Montag, Dienstag, Mittwoch, Donnerstag, Freitag – immer dasselbe. Und am Ende der Tod. Viele denken: Nur nicht daran denken, an das „Du wirst sterben". Das Leben wäre unerträglich. Du kannst dich damit nicht zufriedengeben, mit einem endgültigen Totsein, mit dieser grausamen Sinnlosigkeit. Im tiefsten Innern hoffst du zu leben.

„Du wirst sterben, aber du wirst wieder leben. Du wirst auferstehen." Das ist Ostern. Eine unglaubliche Botschaft. Eine phantastische Freude. Wenn du das glauben kannst, wird es dich so überwältigen, daß du vor Freude tanzen und springen wirst. Deine Tage werden neu werden. Die Sonne wird scheinen. Die Menschen werden lachen und fröhlich sein. Du hast ein Stück des verlorenen Paradieses wiedergefunden.

Mitten im Leben
steht der Tod.
Aber niemand
will ihn sehen,
niemand will mit ihm
zu tun haben.
Man läßt sich lieber
vom Tod überraschen.

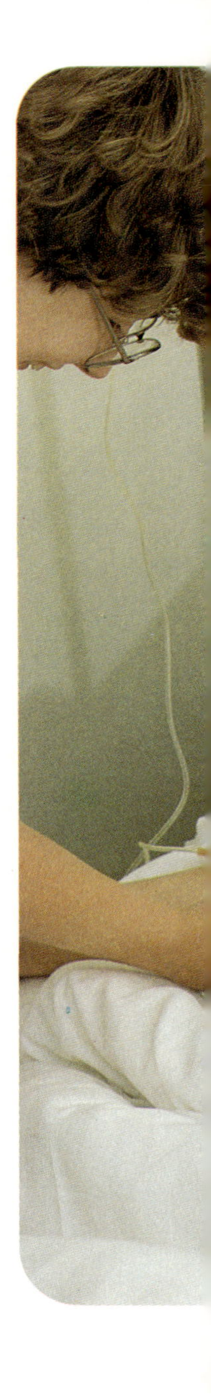

Er weiß auf einmal alles

Sie haben mich aus dem Bett geläutet. „Er ist am Sterben. Er fragt nach Ihnen. Er hat vielleicht noch eine halbe Stunde zu leben.“ Stunden habe ich bei ihm gesessen. Er konnte nicht sterben. Neunundvierzig Jahre. Einer der lebenslustigsten, vitalsten Menschen, die ich gekannt habe. Der Zusammenbruch seines starken Körpers in wenigen Monaten war vollständig. Es gab Augenblicke, da tobte er gegen die Krankheit. Verzweifelt klammerte er sich ans Leben. Er kämpfte um sein Leben. Hoffte gegen alle Hoffnung.

Ich hatte Angst vor den letzten Stunden. Er war ein gläubiger Mensch, aber in den hellsten Augenblicken seines Bewußtseins konnte er mich fassungslos fragen: Warum? Wenn es eine göttliche Führung in der Welt gibt, warum dann dieses Leiden und Sterben? Ich bin so jung, meine Familie kann mich nicht entbehren: Warum?

Aber im entscheidenden Augenblick, statt seinen Glauben zu verlieren und völlig zu verzweifeln, steigt aus den tiefsten Schichten seines Wesens ein ruhiges Vertrauen empor. Ein unbegreifliches Vertrauen, das tiefer wurzelt als all sein Denken und Fühlen. Er weiß auf einmal alles. Er nimmt auf eine rührende Weise Abschied von seiner Frau und seinen Kindern. Es ist, als ob eine unsichtbare Hand ihn festhält und als ob er plötzlich sich mit seinem ganzen Wesen völlig geborgen weiß.

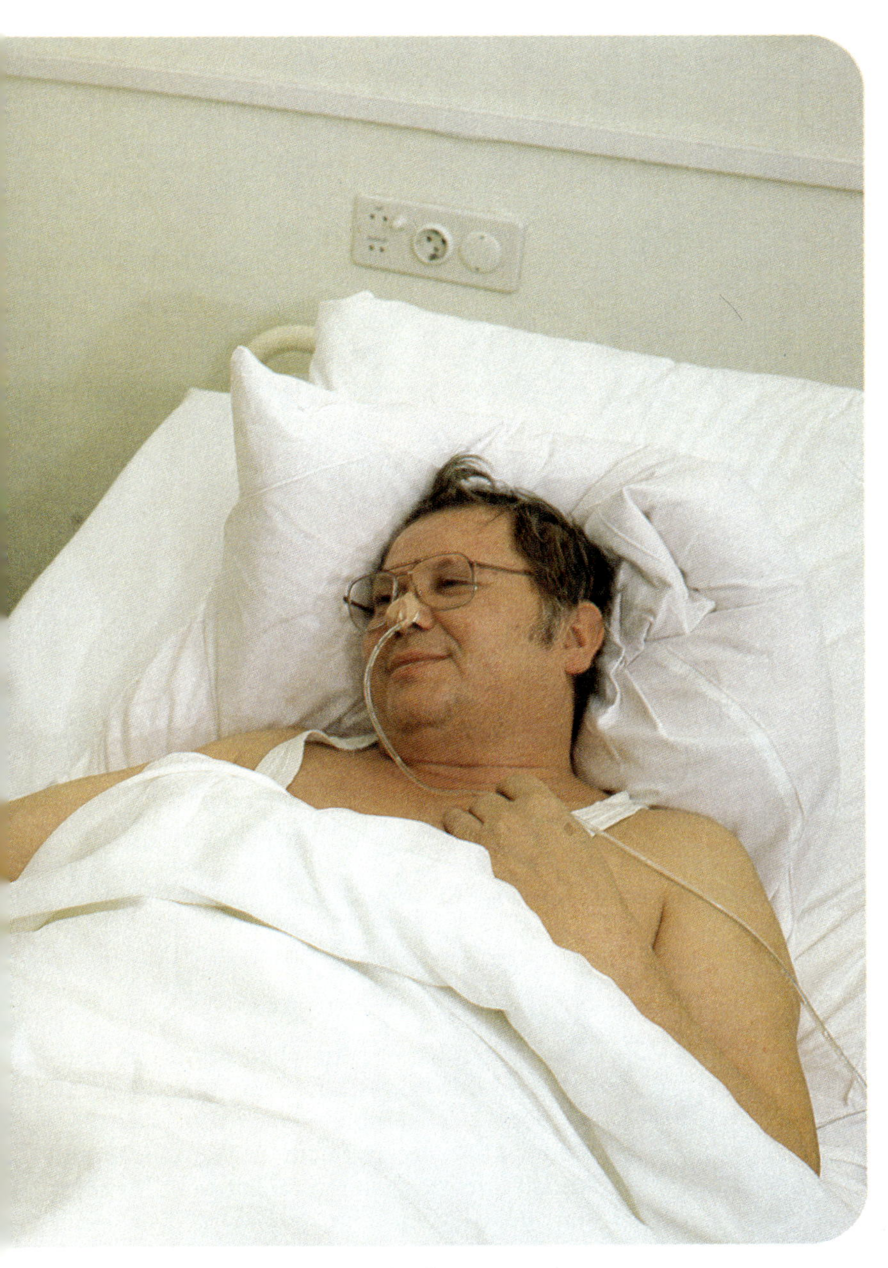

Hänge dein Leben
an einen Stern,
und die Nacht wird dir
nicht schaden.

Neue Menschen

Überall, wo Menschen mit ihrem Herzen entschlossen sind, neue Menschen zu werden, wächst eine neue Welt. Die Probleme analysieren reicht nicht. Gegen die Mißstände protestieren reicht nicht. Es müssen neue Menschen kommen. Mit einer neuen Sehweise, mit einer neuen Einstellung. Menschen, die nicht länger von anderen profitieren wollen, sondern die sich zur Verfügung stellen. Eine neue Welt entsteht nicht aus einem schönen Traum von neuen Strukturen, aus der Illusion von paradiesischen Zeiten, sondern aus dem festen Willen, anders zu leben, anders miteinander zu leben.

Lieben heißt:

ein Haus bauen für deinen Mitmenschen,
als ob jeder, der darin wohnen soll,
für dich der Allerliebste ist.

Lieben heißt:

Menschen und Dingen Atem einhauchen,
der aus dem eigenen Herzen kommt,
und sie so zum Leben bringen.

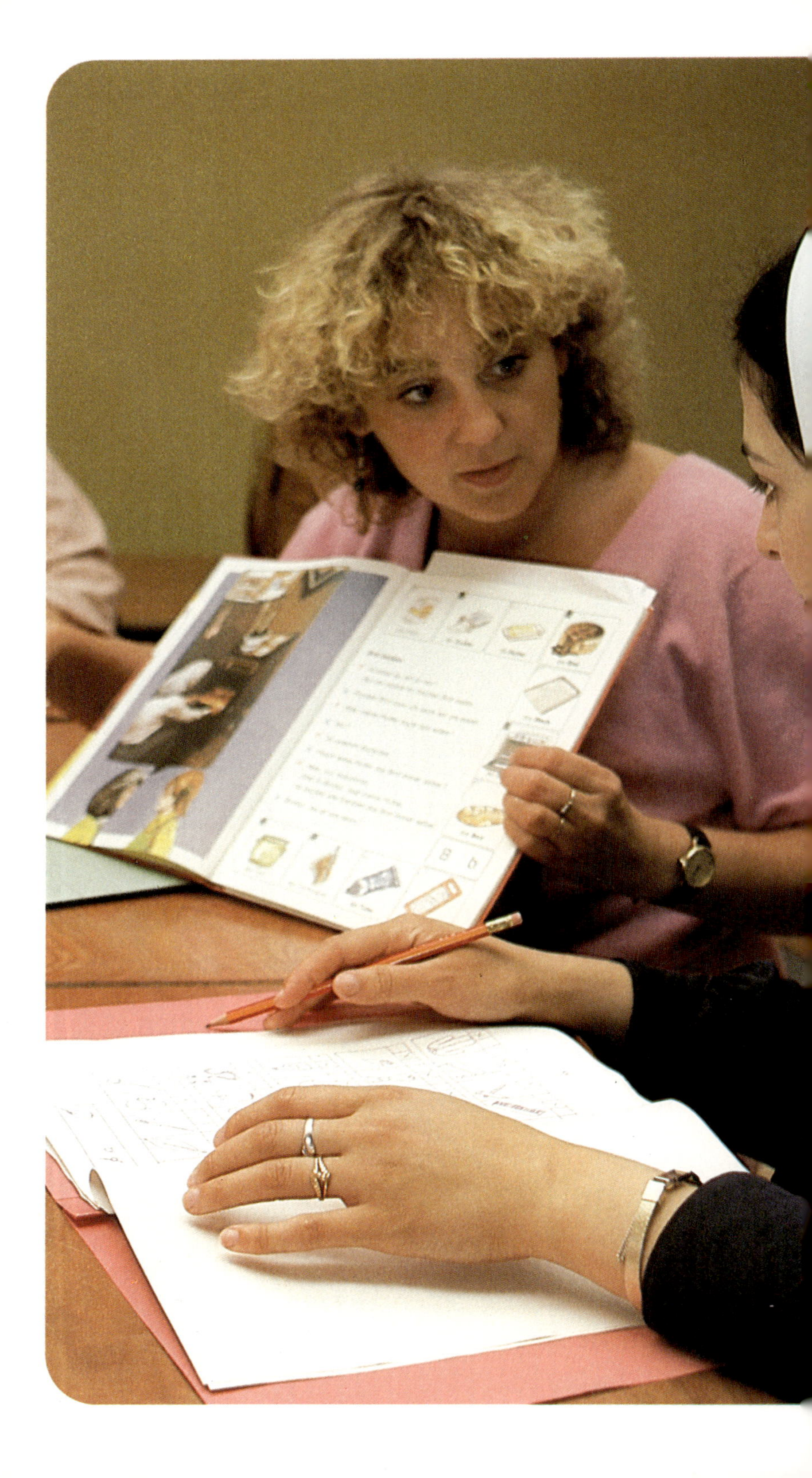

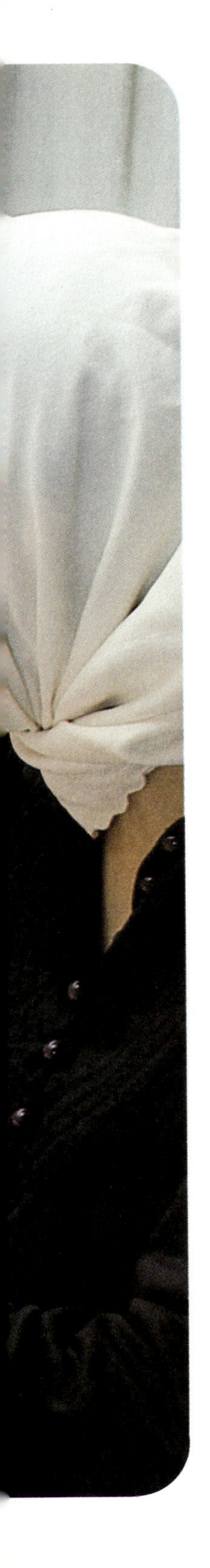

Einfach umsonst helfen – ist unbezahlbar

Auf diesem Planeten werden Menschen von Menschen geboren, sind Menschen einander anvertraut, sind Menschen für Menschen verantwortlich. Einfach umsonst helfen ist darum das Allernatürlichste von der Welt. Wenn das nicht mehr möglich ist, können Menschen nicht mehr zusammenleben. Es entstehen die vielen schrecklichen Schmerzen dieser Zeit: Entfremdung, Einsamkeit, schreiende Ungleichheit, Rüstungswahnsinn, Unmenschlichkeit unter den Menschen und in der Gesellschaft.

Wir haben uns zu einer Gesellschaft entwikkelt, wo Hilfe eine teure Angelegenheit geworden ist. Die spontane Hilfe von Mensch zu Mensch wird verdrängt durch alle möglichen „Dienste“ mit bezahlten Menschen und bezahlten Leistungen. Das Wort „dienen“ wird vergewaltigt. Es hat nichts mehr zu tun mit „einfach umsonst helfen“. Eine Sozialbürokratie, die viel Geld frißt, hat alles überwuchert. Es gibt viele phantastische hilfsbereite Menschen, für die der kleine Mensch mit seiner Not Vorrang hat. Aber es gibt leider noch zu viele „Sozialarbeiter“, die mehr an ihr eigenes Einkommen, ihren eigenen Arbeitsplatz, ihre eigene Stellung denken. Bei allen Hilfsdiensten kommt es mehr auf das uneigennützige „Umsonst“ an. Einfach umsonst helfen ist eine Frucht der Liebe. Und Liebe zu Menschen ist unbezahlbar.

Schöne Strukturen

Sagt mal, Menschen, was habt ihr von den schönsten Strukturen, in denen alles nach Plan und wie am Schnürchen läuft, wenn die Menschlichkeit fehlt, wenn kein menschliches Antlitz zu sehen und keine menschliche Wärme zu fühlen ist? Wer ist schon gut bedient mit einer Heizungsanlage nach dem modernsten Stand, wenn in seinem Herzen kein Feuer und in seinen Adern keine Wärme ist?

Mit allem Geld der Welt
kannst du nicht
ein Gramm Liebe produzieren.

Experten sind manchmal Leute,
die es schaffen, Probleme
so kompliziert zu machen,
daß sie ihr ganzes Leben
zu tun haben.

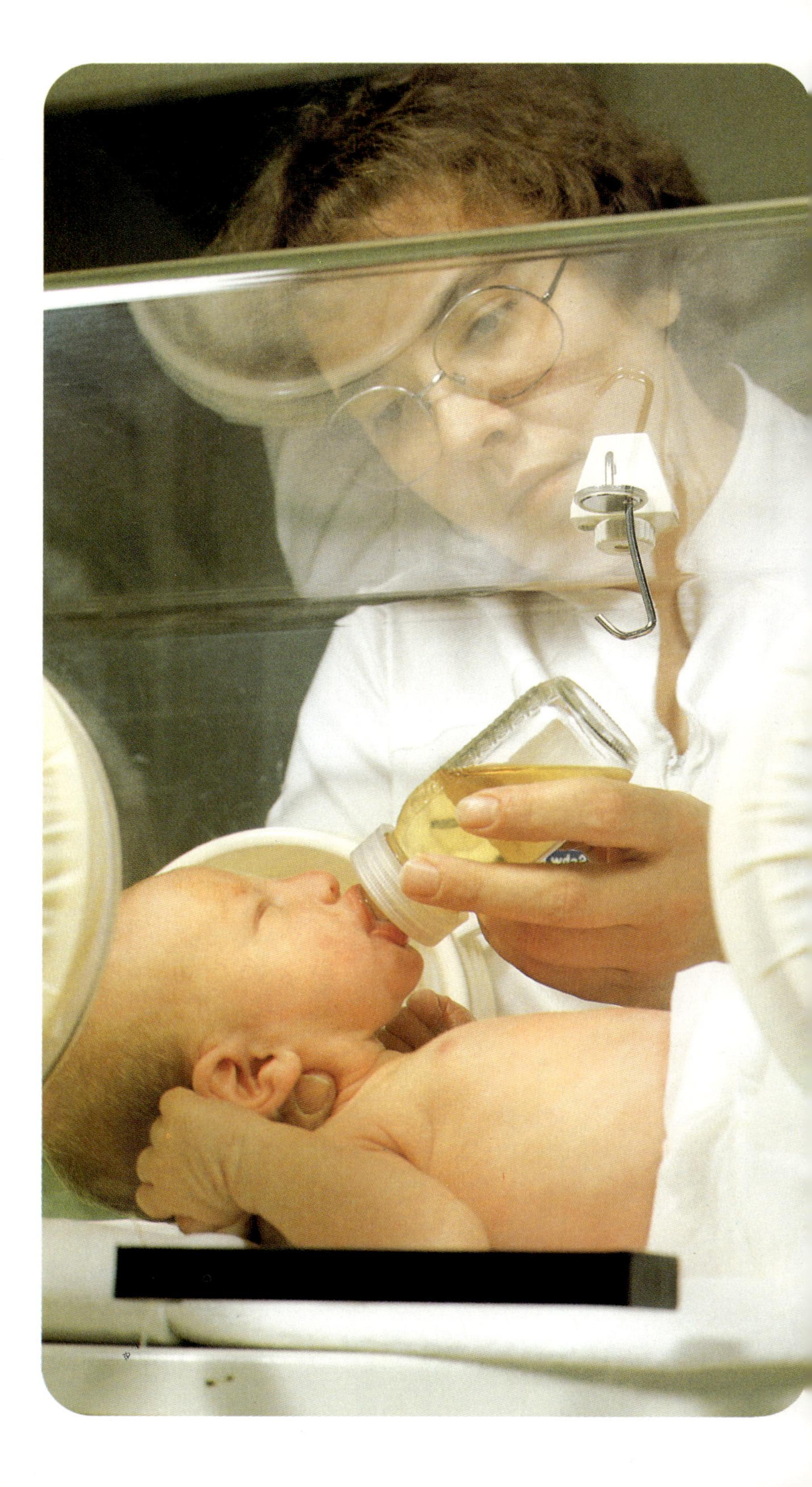

Engel

Sie leben und arbeiten für Menschen,
die weniger Glück hatten.
Sie zählen die Stunden nicht,
und ihre Liebe zu den Menschen ist größer
als ihr Streben nach Geld und Besitz.
Sie reichen ihnen die Hände
und bieten ihre Freundschaft an.
Sie machen Zimmer sauber
und decken den Tisch.
Sie gehen mit Einsamen spazieren.
Sie kümmern sich um Arbeitsplätze.
Sie gehen in Gefängnisse.
Sie sorgen für eine warme Wohnung.
Sie streichen an und reparieren.
Wenn sie nicht wären, würden viele
keinen Tisch, kein Bett, keine Hilfe
und keine Freundschaft gefunden haben.
Viele Herzen wären vor Kälte gestorben.
Es gibt noch Engel – mitten unter uns.
Sie haben keine Flügel,
aber ihr Herz ist ein sicherer Hafen
für alle, die in Not geraten sind
durch die Stürme des Lebens.

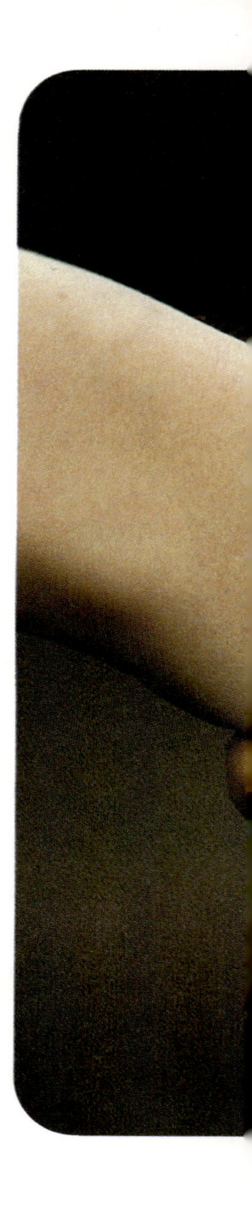

Das Geschenk der Freundschaft darf man nicht verpacken

Freundschaft ist das schönste und kostbarste Geschenk, der Sinn aller Geschenke, die Menschen einander geben. Ist dein Geschenk ein Zeichen der Freundschaft, dann magst du es in farbenfrohe Papiere und mit bunten Bändern einwickeln. Aber die Freundschaft laß frei, wie einen Schmetterling, der mit leichten Flügeln von einem Herzen zum anderen fliegt. Wenn du einen Schmetterling verpackst, kann er nicht mehr fliegen. Wenn du die Freundschaft verpackst, erstickt sie.

Freundschaft ist frei, spontan und ohne Hintergedanken. Wenn du ein Geschenk kaufst, um einen Menschen dir gewogen oder gefügig zu machen, stirbt die Freundschaft. Wenn Geschenke zum Geschäft werden, mit Verpflichtungen hin und zurück, dann geht die Freundschaft zugrunde. Ein Geschenk der Freundschaft ist niemals groß und niemals schwer. Es belastet nicht, denn es wird getragen von Strömen der Sympathie, die absichtslos von einem Herzen zum anderen fließen. Geschenke magst du verpacken und verschnüren, aber niemals die Freundschaft.

Freundschaft:
In deinem Herzen leben Menschen,
die da zu Hause sind
und die da wohnen bleiben,
auch wenn sie tot sind.

Wer die Freundschaft verweigert,
wohnt in einem Land ohne Blumen.

Wenn wir etwas verschenken, stoßen wir manchmal auf Protest: „Aber das hätten Sie doch nicht tun müssen!" Genau das ist es. Was man nicht tun muß, das ist wichtig, das bindet die Menschen aneinander. Was einem am anderen liegt, wird dann spürbar, wenn die Pflicht aufhört. Wer schon manchmal in einem Krankenhaus lag, kennt den Unterschied zwischen einer korrekten Versorgung, bei der alles Notwendige pflichtgemäß getan wird, und einer Pflege, bei der eine liebevolle Aufmerksamkeit, da und dort eine kleine Geste hinzukommt.

Wir müssen mehr tun, was wir nicht tun müssen.

Dinge nur deshalb tun, weil man einen Menschen gern hat – das ist wunderbar, und dazu muß man kein Held sein. Mit Blumen nach Hause kommen, ohne Grund. Einen Kuß geben, unerwartet. Einen Einsamen anrufen, nur um zu fragen, wie es geht. Einen Dienst tun, um den man nicht gebeten wurde. In einem Büro, auf einer Behörde weiterhelfen, auf eine freundliche Weise. Wenn dies in unserer harten Welt als unproduktiver Zeitverlust bezeichnet wird, dann hoffe ich, daß viel Zeit verlorengeht.

Wenn zwei Menschen sich lieben
und wenn sie wollen, daß die Liebe bleibt,
müssen sie dieselbe Richtung wählen.
Erst wenn sie auf demselben Weg gehen,

werden sie sich immer näherkommen.
Wer meint, um sich gern zu haben,
müsse man sich den ganzen Tag festhalten,
weiß nicht, was Liebe ist.

Nicht die sexuelle Beziehung ist grundlegend für die Liebe, sondern die Liebe ist grundlegend für die sexuelle Beziehung

Liebe, wirkliche Liebe ist eine Kraft,
die dir hilft, dich selbst zu überwinden,
auf daß es dem anderen gutgeht.
Wenn du in der Liebe treu bleibst,
wirst du nichts verlieren,
auch wenn du durch einen dunklen
Tunnel gehen mußt.
Wenn du in der Liebe nicht treu bleibst,
findest du vielleicht
vorübergehend Befriedigung,
aber am Ende verlierst du alles.

Die Liebe und der lange Weg des Lebens

Wie kommen zwei Menschen zusammen, so eng zusammen, daß sie in stiller Zuneigung oder in leidenschaftlicher Begeisterung gemeinsam durchs Leben gehen wollen? Es ist ein großes Geheimnis. Man kann nicht sagen, was die beiden so zueinander zieht. Vielleicht ein Blick, eine Bewegung, eine Bemerkung, ein Lachen. Bei jeder Begegnung schlug das Herz schneller. Man träumte voneinander, und man beschloß, miteinander zu wohnen. Man fühlte sich zu Hause, geborgen in dem großen Geheimnis, das die Menschen „Liebe" nennen. Man wuchs mit dem Leben des anderen zusammen, so, wie zwei Zweige an einem Stamm und aus einer Wurzel wachsen.

Aber der Lebensweg ist lang. Nicht jeden Tag läuten die Festglocken. Die erste Begeisterung geht vorüber, und es kommen viele eintönige Tage. Man merkt mit der Zeit immer mehr, daß der andere nicht nur gute Seiten hat. Du ärgerst dich und denkst vielleicht: Ich habe mich geirrt.

Aber du hast dich nicht geirrt. Du bist nur ein Mensch wie alle anderen Menschen auch. Alles Leben unterliegt dem Rhythmus von Tag und Nacht, Hoch und Tief, Ebbe und Flut. Jedes Jahr wird es Frühling und Herbst, Sommer und Winter. Hab Geduld, viel Geduld mit dir selbst und noch mehr mit dem anderen, verlaß niemals das Haus der Liebe und Treue. Die Liebe der Leidenschaft kann losbrechen wie ein Sturm, der Menschen entwurzelt. Seine Gewalt treibt die einen zusammen und die anderen auseinander. Aber eines Tages legt sich auch der heftigste Orkan. Dann wird das Ausmaß der Zerstörung sichtbar. Wenn der Sturm losbricht, gerate nicht in Panik, laß nicht alles los. Halt dich an den Wurzeln fest. Warte und hab Geduld, endlos Geduld. Der Sturm wird vorübergehen, echte Liebe wird bleiben.

Wenn es keine Liebe gibt,

gibt es keine Ehe und keine Familie.
Wenn es keine Liebe gibt,
gibt es keine Gemeinschaft, keine Freundschaft.
Wenn es keine Liebe gibt,
gibt es keine Freude und kein Leben.
Ohne Liebe wird die Welt eine Wüste.

Durch nichts zu ersetzen

Du magst wissenschaftlich noch so gebildet sein,
wenn du die Liebe nicht praktizierst,
bleibt alles Theorie.
Du magst pädagogisch noch so geschult sein,
wenn du die Kinder nicht gern hast,
bleibst du ihnen das Wichtigste schuldig.
Du magst sozial und politisch noch so tüchtig sein,
wenn dein Herz nicht für die Menschen schlägt,
taugt alle Leistung zuletzt nicht viel.
Nicht, daß Ausbildung und Wissenschaft,
Tüchtigkeit und Leistung unwichtig wären!
Aber allzuleicht wird heute vergessen,
was nicht im Zeugnis steht,
was nicht zu messen und nicht zu bezahlen ist.
Die besttrainierte Psychologin ist noch
lange nicht die liebste Ehefrau,
und der hochqualifizierte Pädagoge
noch lange nicht der beste Familienvater.
Ein Herz für die Menschen ist durch nichts zu ersetzen.
Ohne die Liebe ist letztlich alles nichts.

Es gibt sehr viele Dinge,
über die braucht man nicht zu reden,
die muß man nur tun.

Du bist wie ein Ster

Milliarden Sterne stehen am Himmel, und jeder Stern ist einmalig. Milliarden Menschen sitzen auf dem kleinen Planeten Erde, und jeder Mensch ist einmalig, phantastisch. Sterne leuchten und machen den Himmel schön, auch wenn es Nächte gibt, wo es schwer wird, an das Licht zu glauben. Menschen leuchten und machen die Erde schön, wenn sie Sterne sind und keine Meteore, die die Erde verwüsten.
Im vergangenen Frühling hörte ich eine Blume sagen: „Was haben die Menschen nur? Sie machen immer mehr Fabriken, immer mehr Straßen, immer größere Städte, immer schlimmere Waffen. Sie säen den Tod für die Menschen, Tiere und Pflanzen. Bäume werden gefällt, Blumen stehen im Weg. Vögel bekommen Angst. Was haben die Menschen nur? Sie verderben die Luft, die sie atmen, und sie vergiften das Wasser,

ɔm Himmel gefallen

das sie trinken. Sie laufen auf Ausstellungen, um die neuesten technischen Errungenschaften zu bewundern, und brechen in Staunen aus: Phantastisch, unglaublich!"
Die Blume schwieg. Nach einer Weile sagte sie: „Bin ich nicht schön? Sieh dir die Blätter an, den Stengel, die Blüte und das kleine Herz in meinem Blütenkelch. Weißt du, wenn die Bienen zu mir auf Besuch kommen, reden wir über die Torheit der Menschen." Immer noch klingt es mir in den Ohren: die Torheit der Menschen.

Du bist wie ein Stern vom
Himmel gefallen:
Höre auf die Blumen!

Der Baum und die Frucht

Der ganze Baum von unten bis oben,
alles von der Wurzel bis zur Spitze
ist ausgerichtet auf die Frucht.
So soll es auch beim Menschen sein.
Alles in ihm, sein ganzes Wesen,
sein ganzes Tun und Lassen,
soll ausgerichtet sein auf die Frucht.
Die Frucht aber ist die Liebe.
Im Evangelium geht es nicht darum,
daß der Mensch Erfolg hat,
sondern daß der Mensch Frucht bringt.
Erfolg, den genießt man selber.
Frucht, davon leben andere.

Wer das Saatgut hat, muß säen.
Wer es in der Hand verschließt,
wer es zu verlieren fürchtet,
wird die Freude der Ernte
niemals erfahren.

Was eine Blume braucht,

ist die Kraft des Stengels, der sie trägt,
der sie in Wind und Wetter festhält
und der sie der Sonne entgegenstreckt.

Was eine Blume braucht,

ist die Zartheit zahlloser Würzelchen,
die ihr wie unsichtbare kleine Finger
die tägliche Nahrung reichen.

Du hast nur ein Leben

Mach daraus, was du vermagst.
Es gibt dunkle Tage und helle Tage.
Mach daraus, was du vermagst.
Du hast nur ein Leben.
Versuch es mit diesem Leben.
Wenn du es ablehnst,
hast du kein Leben mehr.

Die Nacht kann nicht so dunkel sein,
daß nicht irgendwo
ein kleiner Stern zu finden wäre.
Die Wüste kann nicht so trostlos sein,
daß nicht irgendwo
eine kleine Oase zu entdecken wäre.
Irgendwo bleibt uns immer
eine kleine Freude.
Es gibt Blumen, die blühen
selbst im Winter.

Verborgene Antennen

Wenn die Sonne aus deinem Leben verschwunden ist, dann suche den Stern, den Gott eigens für dich angezündet hat. Wenn du mit leeren Händen dastehst, dann wisse, daß Gott von dir keine vollen Scheunen verlangt. Wenn die Türen deiner Mitmenschen verriegelt sind, wenn dir keiner auf dein Klopfen aufmacht, dann geh nicht weg in grenzenloser Verbitterung. Gott liebt dich und wird irgendwo ein Menschenherz für dich öffnen, um dich das wissen zu lassen. Der Regen wird aufhören. Die Kälte geht vorbei. In einem Lächeln und in einer zarten Hand wirst du den Frühling fühlen und wieder leben. Wenn du deine Botschaft in eine Wüste bringen mußt, wo niemand zuhört, dann wisse, daß Gott verborgene Antennen aufgestellt hat, die jedes Wort aus deinem Herzen empfangen und die es über alles vertrocknete Land hinweg zu dem kleinen Stückchen Erde bringen werden, wo die neue Welt geboren wird.

Liebe ist das Ziel des Lebens. Wer für etwas anderes lebt, kommt stets betrogen heraus.

Der Mensch ist sein Leben lang auf der Suche nach einem Zuhaus

Nur die Liebe ist das Haus,
in dem du ewig wohnen kannst.

Übertragung aus dem Niederländischen: Ulrich Schütz
Gestaltung: Erich Priester

Fotos: Bilderberg, Hamburg: 31, 40, 106 – Burbeck, Düsseldorf: 55 – Dietrich, München: 48, 56, 66 – foto-present, Essen: 72, 86, 116, 118 – Klees-Jorde, Hainburg: 29, 58, 105 – Markus, Osterhorn: 7, 9, 30, 45, 59, 69, 81, 93, 104, 114 – Mayer, Essen: 18, 75, 99 – Murrmann, Niederwerrn: 70 – de Riese, Bairawies: 13, 36, 84, 89 – A. Sperber 21, 50, 95 – Sulzer Kleinemeier, Geisweiler: 11, 14, 26, 100 – Vollmer, Essen: 108 – Walter, Iffeldorf: 64, 109, 110, 112 – A. Wiemer, Dortmund: 16, 25, 33, 39, 43, 47, 78, 83, 90, 96 – Umschlagrückseite: KNA-Bild.

Zeichnungen: Jules Stauber
Titelgraphik: Willy Kretzer

Siebte Auflage

Printed in Germany

Herstellung: Freiburger Graphische Betriebe 1993
ISBN 3-451-20655-2